# Sales Funnel - ein Ratgeber zur besseren Kundengewinnung und Umsatzsteigerung

# Einleitung

Für das digitale Marketing und den Vertrieb im Internet gibt es mittlerweile viele Konzepte und Verkaufsstrategien, die dabei helfen sollen, mehr Kunden zu gewinnen und damit auch die Viralität und die eigenen Umsätze zu steigern. Dabei genügt es nicht alleine, so viele Kunden und Interessierte wie möglich auf die eigene Website oder das digitale Angebot zu locken, auch wenn das bereits ein guter Anfang ist. Vielmehr soll der Webseiten-Besuch tatsächlich interessierte Menschen verbuchen, die dann auch einen möglichen Verkauf tätigen und die durch das gewonnene Vertrauen wiederkommen und auf weitere Produkte zurückgreifen.

E-Commerce boomt neben dem stationären Handel und damit auch das sich permanent weiter entwickelnde Internetangebot auf Webseiten mit Links und Shops, auf Plattformen und digitalen Verkaufsmarktplätzen. Hervorragende Konzepte wie das Marketing per Email, das Nutzen von Affilatelinks oder von Viral Mailern-Diensten erzielen eine höhere Anzahl an Besuchern und Klicks und starten dabei gleichzeitig einen ganz simplen Prozess. Je mehr Kunden auf der Webseite landen, desto mehr besteht die Chance für einen Verkauf oder die Nutzung des Angebots durch den Kunden. Es bringt wenig, ein gutes Produktangebot zu haben, einen Shop einzurichten und eine ansprechende Website zu kreieren, wenn niemand darauf aufmerksam wird. Mails, Links und Viral Mailer dienen dazu, direkt viele Menschen auf einmal zu erreichen und mit dem Angebot zu konfrontieren.

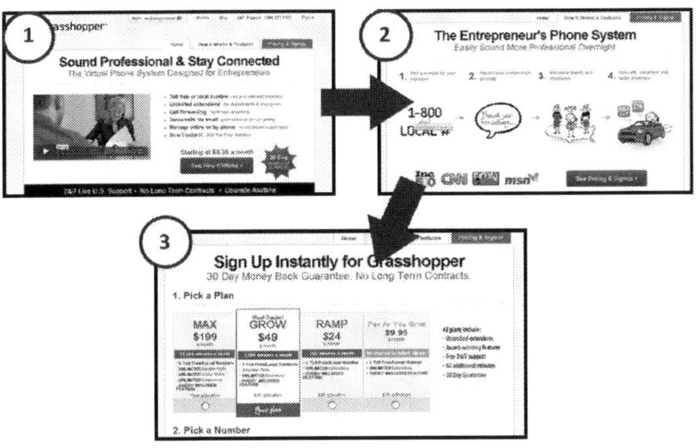

Danach zählt die geeignete Verkaufs- und Marketingstrategie, die angewendet wird, um das Interesse des Kunden zu wecken.

Der Vorgang ist dabei immer gleich und erinnert an einen schmal zulaufenden Trichter oder an ein Sieb. Während viele Besucher auf der Internetseite landen, bleibt aus dieser Masse eine bestimmte Anzahl an Kunden zurück, die an einer Dienstleistung oder an einem vorgestellten Produkt interessiert sind. Aus diesen wiederum kristallisiert sich bald eine kleinere Menge an Kunden heraus, die abschließend einen Verkauf tätigt oder ein Angebot nutzt. Daraus ergeben sich dann der gewünschte Kundenstamm und auch das bleibende Interesse an einem weiteren Kauf.

Im Grunde geht es beim Online-Marketing immer darum, dem Webseiten-Besucher das Angebot so schmackhaft wie möglich zu machen, was wiederum ein gutes System oder eine erfolgreiche Strategie erfordert. Vorab jedoch ist überhaupt notwendig, dass Besucher das Angebot sehen und nutzen können. Während Konzepte die Kundenanzahl zunächst erhöhen, ist es gleichzeitig wichtig, dem Besucher eine übersichtliche Webseite mit gut strukturierten Angeboten und dazugehörigen Bildern zu bieten und gleichzeitig vertrauenswürdig und kompetent zu wirken. Das digitale Marketing baut entsprechend auf verschiedenen Stufen und Phasen auf, um dabei auch den Traffic zu steigern und die Verweildauer des Kunden zu verlängern.

# Digitales Marketing darauf kommt es an!

Jedes Marketing findet naturgemäß immer vor dem Verkauf statt, während das Ziel dabei bleibt, den Kunden länger mit dem Webseiten-Inhalt zu beschäftigen und sein Interesse an den Artikeln oder Dienstleistungen zu wecken, damit auch eine mögliche Wiederkehr mit inbegriffen ist und Produkte erworben werden. Ein typischer Begriff für diese Art Business und Marketing ist „Sales Funnel". „Funnel" ist die englische Bezeichnung für „Trichter", was sich bildlich gut mit dem gewünschten Ziel in Verbindung bringen lässt. Hier geht es darum, eine Online-Strategie anzuwenden, um aus einer allgemein großen Besuchermenge von Landing-Pages und Websites eine kleine Menge an wirklich interessierten Kunden herauszufiltern. Das Konzept des Trichters ist sinnvoll, da oben die große Öffnung und der Kundenstrom als Durchlauf gekennzeichnet sind, während unten die Öffnung kleiner wird und die gefilterte Menge herauslässt, auf die es ankommt, nämlich den potentiellen Kunden.

Das digitale Marketing durchläuft mehrere Phasen und kann dabei in jeder wirksam werden. Neben dem bereits genannten Vorgang im Verkaufskonzept bilden dabei auch Marktforschung, Umfragen, Prognosen-Systeme, Preisfindungsmodelle, Trackingsysteme, Content- und Social-Media-Marketing einen wesentlichen Teil für die erfolgreiche Umsetzung. Genauer bedeutet das, dass nicht nur Produkte vorgestellt werden, sondern der Kunde bewusst strategisch geleitet und die eigene Angebotsseite im Auge behalten wird. Anhand der Besucherzahlen, der Klicks und der Konversationsrate kann wesentlich besser abgeschätzt werden, wie sich die Marketing-Strategie durchsetzt und ob sie geändert werden muss oder beibehalten werden kann.

Es ist nun einmal so, dass sich einige Menschen leichter und andere schwerer überzeugen lassen, dass ein Produkt mehr oder weniger interessant ist. Daher gibt es kein allgemeingültiges Konzept, das immer Erfolg hat. Die Kommunikationspolitik ist dabei entscheidend für den Aufbau der Seite und für die Steigerung der Umsätze. Das betrifft nicht immer nur günstige Preisangebote oder eine gutes Markenangebot. Vielmehr spielen die Kompetenz des Anbieters und das klar definierte oder auf Zielgruppen abgestimmte Design eine Rolle, um Besucher auf die Website zu locken. Der Kunde muss sich letztendlich rundum zufrieden fühlen, sowohl durch ein übersichtlich gestaltetes Angebot, durch den Kauf als auch durch einen guten Kundenservice.

Sales Funnel oder Marketing Funnel sind entsprechend wichtige Vertriebstrichter im Marketingkonzept und stehen in Verbindung mit dem bekannten AIDA-Werbewirkungsprinzip, das bereits 1898 durch den Werbestrategen Elias St. Elmo Lewis entwickelt wurde.

AIDA setzt sich aus den Begriffen Attention (Aufmerksamkeit), Interest (Interesse), Desire (Verlangen) und Action (Handlung) zusammen. Es beinhaltet dabei die vier wichtigsten Phasen, um ein Produkt zu verkaufen.

Zunächst soll die Aufmerksamkeit des Kunden geweckt werden (z. B. durch auffällige Bilder, Slogans oder eine ansprechende Website). Ist das der Fall, soll das Interesse des Kunden am Produkt folgen, z. B. wenn die Website spezielle Zielgruppen anspricht oder im Produktangebot spannend und modern ausgerichtet ist. Das wiederum bewirkt beim Kunden den Wunsch, das Produkt erwerben zu wollen, wobei nun nur noch das Vertrauen in den Anbieter aufgebaut werden muss, um die Handlung des Kaufs zu starten und die Aktion abzuschließen. Moderne Webseiten, dic mit Online-Marketing-Strategien vertraut sind, setzen dabei auf eine klare Handlungsaufforderung durch Call-to-Action. Die schnelle Reaktion kann leicht provoziert werden, indem der Kunde aufgefordert wird, direkt anzurufen, den Artikel in den Warenkorb zu legen, den Verkaufsbutton zu klicken, zu bestellen oder einem Link zu folgen. Der Ablauf ist dabei fast klassisch zu nennen und ein typischer Vorgang ab dem Aufruf der Website bis hin zum Einkauf. Beliebt sind auch Verweise auf ein tägliches Sonderangebot oder die einmalige Aktion, z. B. der Kauf eines Sets.

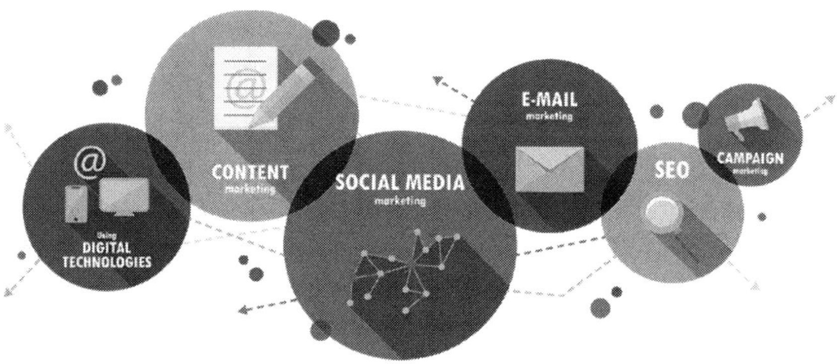

# Sales Funnel - Definition und Funktion

## *Definition*

Das Marketingkonzept funktioniert entsprechend immer gleich und nach einem gewohnten Muster. Hier geht es darum, Wünsche des Kunden zu befriedigen, durch das Produktangebot zu überzeugen, die Wahrnehmung des Kunden geschickt auf bestimmte Produkte zu lenken und den Wunsch zu erzeugen, das Produkt kaufen zu wollen. Daneben gibt es auch Konzepte, dem Kunden das Produktsortiment so zu offerieren, dass er das Gefühl bekommt, die vorgestellten Artikel unbedingt zu benötigen. Verschiedene Stufenmodelle stehen dabei monokausalen Reiz-Reaktions-Modellen gegenüber. Das Werbeziel ist dann erreicht, wenn das Marketing funktioniert und das Produkt verkauft wurde. Eine genauer definierte Zielgruppe vereinfacht den Vorgang und gestattet so auch bessere Umsätze.

Sales Funnel basiert daher als Vertriebstrichter auf einem ähnlichen Prinzip und umfasst den typischen Kommunikationsprozess, den der Kunde als Besucher der Webseite durchläuft. Der Prozess ist dabei schlüssig und logisch aufgebaut und gestattet bei erfolgreicher Umsetzung, dass aus der hohen Anzahl an Besuchern die richtigen Kunden herausgefiltert werden, die dann das Geschäft abschließen. Daher ist der Trichter kein Modell, das die gleiche Menge durchlässt, sondern eher ein löchriger Trichter oder ein Sieb, das die klare Filterfunktion erfüllt. Das Bild des Trichters ist dennoch passend, da es sich beim Aufbau um die klare Struktur mehrerer Ebenen handelt, die nach unten hin kleiner werden. Der Sales Funnel ist allgemein Teil jeder Marketingstrategie. Eine große Menge an Besuchern durchläuft mehrere Schritte auf einer Website, wobei pro Schritt Kunden wegfallen und am Ende die potentiellen Konsumenten übrig bleiben. Aus Besuchern werden Interessenten, aus Interessenten Kunden.

Im Online-Marketing steht Sales Funnel daher auch eng in Verbindung mit der eigentlichen K onversionsrate auf einer Website, die durch das Marketingkonzept erreicht wird. Sie umfasst in Prozent dann aus einer Anzahl an Besuchern die tatsächlich interessierten Kunden. Besuchen z. B. 100 Personen am Tag eine Website und tätigen davon am Ende 10 Personen einen Einkauf, ist die Konversionsrate 10 Prozent.

## Funktion

Beim Sales Funnel verweist der Begriff „Sales" darauf, dass ganz klar ein Abschluss oder Verkauf gewünscht ist. Benötigt werden dafür tatsächlich interessierte Kunden, die das Filtersystem in mehreren Stufen durchlaufen und am Ende übrig bleiben. Genauso wie es wenig bringt, nur einige gezielte Kunden anzusprechen, ist ein großer Durchlauf an Webseiten-Besuchern ohne Verkaufsabschlüsse unsinnig

und erfordert eine Neuorientierung der Marketingstrategie. Der Sales Funnel zeigt zum einen den eigentlichen Ablauf und kann zum anderen helfen, echte Kunden zu gewinnen.

Bei Dienstleistungen können die notwendigen Stufen des Filtersystems z. B. aus den Marketingmaßnahmen, aus der Definition der Zielgruppe, aus einer Terminvereinbarung, aus einem Besuch oder einer Präsentation, aus der Kundenwerbung, aus dem Angebot und dem eigentlichen Auftrag bestehen. All diese Phasen müssen jedoch erst durchlaufen werden, bevor es zu einer Zusammenarbeit kommt.
Das wiederum erfordert vorab eine große Anzahl vieler Kontakte, aus denen überhaupt erst eine Zielgruppe definiert werden kann, um dann die entsprechenden Marketingmaßnahmen anwenden zu können. Dabei muss der Kunde auch hinsichtlich seines Interesses und Verkaufspotentials bewertet werden, um ein sinnvolles Angebot zu unterbreiten oder die Marketingstrategien abzustimmen.

Das ist der typische Kommunikationsprozess beim Sales Funnel, der größtenteils digital und virtuell abläuft, daher mittlerweile auch ohne direkten und persönlichen Kontakt auskommt. Das wiederum macht ein Vertrauen zwischen Käufer und Verkäufer notwendig, wobei der Kunde sich im Netz ganz genau über das Produkt und den Hersteller informieren kann. Daraus folgt, dass der Kunde nicht nur über das Produkt selbst Bescheid weiß, sondern im Netz auch Preise und Marken vergleichen kann. Längst zielen Werbestrategien entsprechend nicht mehr darauf ab, einen ahnungslosen Kunden zum Kauf zu verführen, was im Grunde einfach ist, sondern darauf, einen gut informierten Kunden von dem eigenen Angebot zu überzeugen. Die Konkurrenz ist groß und schläft nicht. Der Kunde möchte dabei auf das bestmöglichste Angebot zurückgreifen. Soll zusätzlich ein Kundenstamm aufgebaut werden, muss der Anbieter dauerhaft Vertrauen und Interesse wecken.

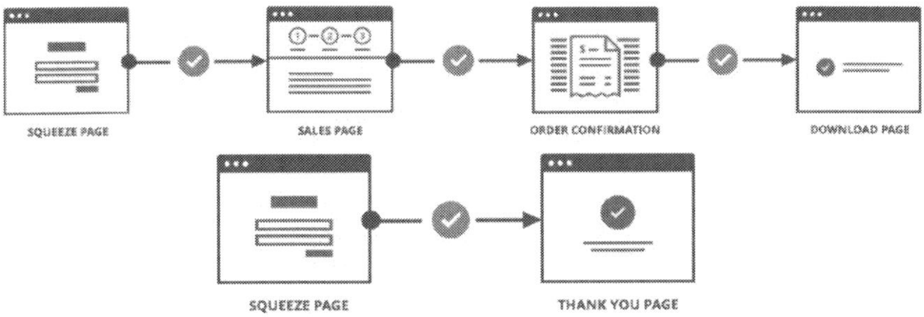
SQUEEZE PAGE
SALES PAGE
ORDER CONFIRMATION
DOWNLOAD PAGE
SQUEEZE PAGE
THANK YOU PAGE

# Die 5 Phasen der „Customer Journey“

Der in diesem Sinne mächtige Kunde durchläuft vom geweckten Interesse am Produkt bis zur Bestellung ganz bestimmte Phasen, die marketingtechnisch als „Costumer Journey“ bezeichnet werden und die Reise des Kunden in einzelnen Zyklen kennzeichnen. Das sind zunächst die eigentlichen Berührungspunkte des Konsumenten, z. B. sein Interesse an einer bestimmten Marke oder an einer gewünschten Dienstleistung, die indirekten Interaktionspunkte durch das Marketing und die Werbung und die indirekten Kontaktpunkte, darunter Kundenrezensionen, Vergleiche, Testseiten, Bewertungsportale und ähnliches, die der Kunde nutzt. All diese Begegnungspunkte beeinflussen die Kaufentscheidung. Aus dem klassischen AIDA-Prinzip ist eine umfassendere und komplexere Formel geworden, die alle Schritte des Kunden bis zur Kaufentscheidung berücksichtigt.

Die grobe Aufteilung der „Customer Journey“ besteht aus 5 Phasen, die sich wie folgt gliedern lassen:
- Awareness (Inspiration) – Im Kunden wird zunächst das Bewusstsein für das Produkt wachgerufen.
- Favorability (Favorisierung) – Der Kunde favorisiert das Produkt, wodurch sein Interesse gesteigert wird.
- Consideration (Wunsch) – Der Kunde erwägt, das Produkt zu kaufen.
- Intent to Purchase (Anstoß) – Die Absicht zum Kauf wird konkret, kann auch durch die Marketingstrategie und die Werbung gelenkt werden.
- Conversation (Umsetzung) – Der Kauf des Produkts erfolgt.

Ausführlicher umfassen die Stufen den typischen Vorgang, der zum Kauf eines Produkts führen kann. Zunächst ist das Interesse an einem bestimmten Produkt geweckt und die aufgerufene Website bietet eine Übersicht des Produktsortiments, das den gewünschten Artikel enthält. Nun überlegt der Kunde, der bereits zu den potentiellen gehört und nicht mehr zum großen Besucherdurchlauf, ob er genau dieses Produkt

erwerben möchte. Dafür liest er sich nicht nur das Produktangebot durch, sondern überblickt auch die Webseite selbst, um zu ermessen, wie wichtig ihm der Kauf in gerade diesem Shop ist. Stimmt das Angebot, z. B. hinsichtlich des Preises, der Qualität, der Menge oder der Marke, findet das Produkt Anklang und wird gekauft. Eine günstige Folge wäre dann, wenn der Käufer erneut auf den gleichen Hersteller zurückgreift oder das Produkt samt der Webseite sogar an Freunde und Bekannte weiterempfiehlt.

Interessanterweise ist dieser Phasen-Vorgang nicht immer linear, weshalb auch viele Kunden wieder abspringen oder länger für den Kauf brauchen. Ähnlich wie ein Autokauf zunächst das Probefahren erfordert, benötigen viele Menschen vor dem Kauf die Zusicherung, dass es sich um ein gutes Produkt handelt. Daher werden vorab Informationen über die Ware eingeholt, wenn möglich auch über den Hersteller und

Anbieter selbst. Dazu wird genau abgewogen, wie wichtig das Produkt oder die Dienstleistung im Moment ist. Die „Customer Journey" als Reise ist daher alles andere als kurz, kann auch länger dauern und Pausen enthalten. Entscheidend sind die vorher genannten Berührungs- und Interaktionspunkte, die stattfinden müssen, bis es zum eigentlichen Kauf kommt. Der Sales Funnel bildet in diesem Ablauf eine gute lineare und stabile Basis. Gerade im Bereich der digitalen Kanäle und im Online-Marketing geht es darum, die Streuverluste zu reduzieren, die Kommunikation zu vereinfachen und effizienter zu gestalten und die Umsätze zu steigern. Die wichtigsten Fragen lauten dabei:

1. Wer ist der optimale Kunde für die eigene Website?
2. Wo ist er erreichbar?
3. Wie kann er überzeugt werden?
4. Welche Lösung ist dafür notwendig?

Es geht entsprechend darum, eine klare Vorstellung davon zu gewinnen, welche Zielgruppe gewünscht ist, wo sie beworben wird, z. B. über Plattformen, Websites oder Social Media, sich damit auseinanderzusetzen, was der Kunde wünscht und wie er tickt, und wie das Angebot aussehen muss, um ihn zu überzeugen. Genauso muss der Besucherdurchlauf überblickt und definiert werden, in Hinblick auf die Konversionsrate optimiert werden, damit es zu Kaufabschlüssen kommt, der Kunde erneut tätig wird und zufrieden ist.

# Aufbau und Bestandteile des Sales Funnels

Der Sales Funnel kann sich als Abbildung in drei Stufen bewusst gemacht werden, die von oben nach unten abnimmt und die Form eines Trichters oder Dreiecks aufweist. Die obere breite Stufe bildet die typische Spitze und dient dazu, das Bewusstsein für die Website zu
schaffen und ein Publikum zu erreichen. Sie enthält entsprechend den großen Strom aller Besucher der Website oder des Shops.

Der mittlere, etwas kleinere Bereich ist die Ebene, auf der das Interesse geweckt und gleichzeitig verstärkt werden soll. Sie enthält entsprechend mögliche Kunden aus unqualifizierten und qualifizierten Besuchern, die weitergeleitet werden. Die Ebene kann in verschiedene „Leads" gesplittet werden, z. B. in Marketing-Qualified-Leads und in Sales-Qualified-Leads, also in Kunden, die sich durch die Werbung und das Produkt angesprochen fühlen und in Kunden, die dadurch eine Kaufabsicht entwickeln.

Der untere und spitz zulaufende Bereich ist der Boden des Vertriebstrichters und beinhaltet die eigentliche Kauf-Phase des Kunden, gleichzeitig entsprechend den potentiellen Kunden selbst. Hier erfolgt z. B. die Call-to-Action-Phase, die mit einer Info-Mail verbunden sein kann, die noch nicht zwingend zum Kauf führt. Genauso kann ein direkter Link für die Aufnahme der Daten und den Verkaufsabschluss erfolgen.

Genauer heißt das, dass die Spitze des Sales Funnels eine sehr große Anzahl unqualifizierter Besucher enthält, aus denen dann die potentiellen Kunden herausgefiltert werden. Natürlich wird
vorausgesetzt, dass ein Webseitenbesuch noch keinen Kauf nach sich zieht, genauso nicht jeder Besucher tatsächlich Interesse am Produkt hat. Einzelne Phasen bewirken entweder das Interesse des Kunden oder das Desinteresse. Genauso kann ein informierter und suchender Kunde überzeugt werden oder ein zufällig auf die Website geratener Besucher, den das Angebot anspricht. Diese Aspekte stellen beim Sales Funnel den mittleren Bereich dar, der nach und nach die unspezifischen Besucher aussortiert oder, mit Blick auf das Trichter-Beispiel, aussiebt. Entscheidungsträger bilden dabei die Bedürfnisse der gewünschten Zielgruppe, die klar definiert werden können. Das wiederum gestattet bei einem richtigen Konzept, dass am Ende möglichst viele potentielle Kunden übrig bleiben.

Den Boden des Vertriebstrichters bildet genau diese übrig gebliebene Anzahl an tatsächlichen und interessierten Konsumenten, die dann den Kauf tätigen und abschließen. Auch hier ist noch ein Absprung möglich, wenn der Kunde nicht wirklich überzeugt ist oder zögert. Das kann verschiedene Gründe haben, die nicht immer mit dem Produktangebot selbst zu tun haben. Viele wollen sich noch einmal ausführlich informieren, Preisvergleiche machen, nachdenken, wie notwendig das Produkt ist, und die Zuverlässigkeit des Anbieters prüfen. Jede dieser Phasen läuft zum Boden hin schmaler zu und ist oben breit gefächert. Das unspezifische Publikum wechselt nach und nach zum echten Kundenstamm, der kauft. Die Konversionsrate macht die Anzahl der erreichten Kunden sichtbar. Sie kann entsprechend optimiert werden.

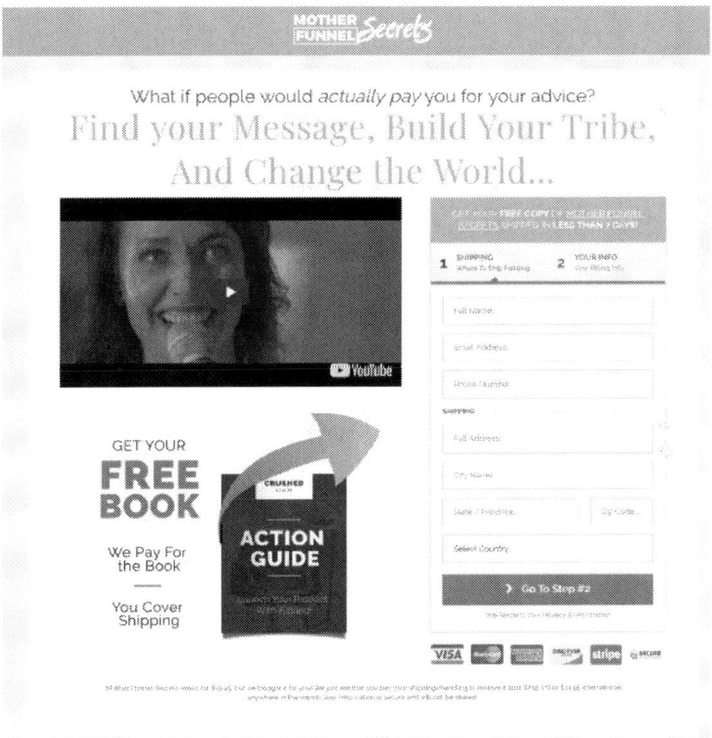

# Inbound Marketing beim Sales Funnel

Sind die drei Ebenen des Trichtersystems festgelegt, kann die Vermarktung und die Kundengewinnung durch Inbound Marketing und Content verbessert werden. Das betrifft den gesteuerten Aufbau einer Produktseite, das gezielte Werben von Kunden und die Verwendung von Diensten und Tools für die bessere Erreichbarkeit der eigenen Webseite. Inbound Marketing ist anders als das klassische Outbound Marketing auf Content ausgerichtet, basiert also nicht auf Fernsehwerbung oder Flyer, Telefonmarketing oder klassische Werbung, sondern auf Email-Marketing, Lead Nurturing und CRM, was langfristig gesehen etwas kostengünstiger ist und weniger Aufwand erfordert. Gleichzeitig kann so die Reputation für ein Unternehmen wachsen und ein kreatives Ideenkonzept passgenau umgesetzt werden, durch das ein Unternehmen bekannter wird. Bezahlte Werbeplätze sind nicht notwendig, lediglich für das Erstellen der Inhalte und das Gewinnen von Kunden fallen kleinere Kosten an. Auch müssen Website-Inhalte regelmäßig angepasst und erneuert werden.

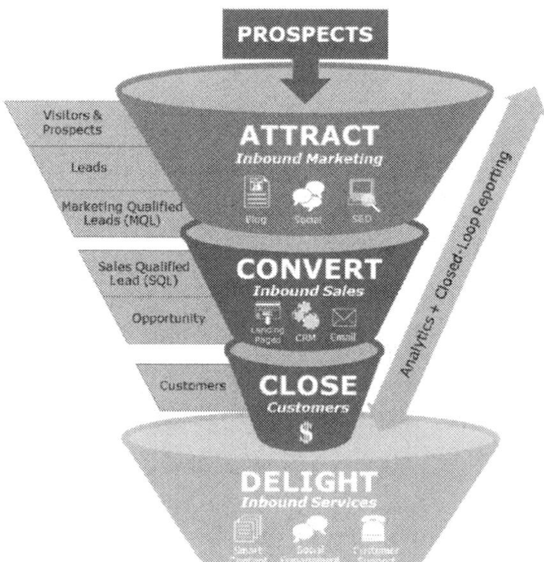

In Verbindung mit dem Sales Funnel kann Inbound Marketing dann dabei helfen, mehr Traffic zu gewinnen, unqualifizierte Besucher in Interessenten umzuwandeln, Interessenten in Käufer, Käufer in wiederkehrende Kunden, die wiederum andere Kunden werben und auf die Produkte aufmerksam machen. Der Ablauf dient einem klar definierten Aufbau der Seite mit optimierter Analyse. Bereits die

Traffic-Steigerung ist der erste Schritt, um die große Ebene des Sales Funnel gut auszulasten. Der Traffic kann durch suchmaschinenfreundliche, gut definierte und präzise Inhalte verbessert werden, wobei auch die Regeln von Google eingehalten werden müssen. Stimmen die Inhalte, erscheinen sie in der Suchmaschine weiter oben und werden von Kunden schneller gefunden. Bewährt hat sich auch die Präsenz im Netz auf Verkaufsplattformen und in sozialen Netzwerken.

## *Die Vorteile im Überblick eines Sales Funnels*

Wie genau der Sales Funnel aufgebaut ist, hängt vom jeweiligen Geschäftsmodell selbst ab. Unternehmen setzen auf verschiedene Varianten, wobei alleine die Sieb- bzw. Trichterform bewahrt bleibt, die vom großen Besucherdurchlauf zum eigentlichen Kunden führt. Auch die Detailbetrachtungstiefe ist unterschiedlich und bestimmt den jeweiligen Verkaufsprozess. Marketing funktioniert dabei auf mehreren Ebenen und ist zunächst immer auf eine große Besuchermenge ausgerichtet, die sich dann zu Kunden entwickelt.

Wichtig bleibt dabei, die einzelnen Phasen des Sales Funnels genau zu kennen, um abzuschätzen, wie das Marketing anschlägt und wie sich die Zielgruppe besser festlegen lässt. Ein klar definierter und sinnvoll strukturierter Sales Funnel ist dabei das A und O. Die Vorteile zeigen sich durch eine klare Ausrichtung, wobei jedes Unternehmen daran interessiert ist, aktive Produktangebote und Dienstleistungen durch einen Verkaufs- oder Vertriebsfilter zu vermarkten. Das kann sowohl bewusst als auch unbewusst der Fall sein, während sich das Unternehmen z. B. verbessert und vergrößert. Ist der Sales Funnel klar strukturiert, können alle Vermarktungsstrategien besser überblickt und eine genau definierte Zielgruppe erreicht werden.

Jede einzelne Phase des Sales Funnels lässt erkennen, welche Funktion sie hat und in welche Richtung sie führt. Was mit der Kundengewinnung beginnt, verteilt sich auf die Angebotserstellung, Werbung und den Vertrieb und endet mit der Kaufphase des Kunden. Alle Phasen in ihrer Definition und Wirkung sind dabei messbar und können in der Performance ermittelt und neu ausgerichtet werden. Das ist der Vorteil des linearen Ablaufs. Beispielsweise kann ein Unternehmen durch die Besucherquote und den Sales Funnel gut erkennen, auf welcher Ebene die meisten Kunden abspringen und was notwendig ist, um diesen Absprung zu vermeiden, z. B. durch das Einfügen einer neuen vielversprechenden Phase oder die Veränderung des vorhandenen Konzepts.

Hier zeigt sich, dass ein Controlling nicht nur im gesamten Marketing, sondern auch beim Sales Funnel selbst notwendig ist und kontinuierliche Ergebnisse gestattet. Eine rechtzeitige Analyse verhindert rückläufige Umsätze oder den Verlust zu vieler Kunden. Gleichzeitig lassen sich anhand des Sales Funnels und Trichtersystems optimal das

Potential und die Optimierungsrate ausmachen. Die eingeleiteten Gegenmaßnahmen verhindern zumeist einen nachhaltigen Schaden oder eine unerwünschte Gewinnreduzierung. Die Kontrolle und der Überblick mit klar messbaren Ergebnissen gestattet konkrete Maßnahmen gegen die Zahl abspringender Besucher und Kunden, während reelle Interessenten bestens konvertiert werden können.

Der Sales Funnel gestattet dabei in erster Linie den klaren Überblick über alle Vorgänge auf einer Website und beim Verkauf. Es ist normal, dass das Interesse nicht bei allen Kunden geweckt werden kann und der Verkaufsprozess mehrere Phasen durchläuft. Genauso ist die Anpassung einzelner Phasen ausgezeichnet dazu geeignet, die Umsätze zu erhöhen. Da der Vertriebstrichter mehrere Ebenen aufweist, lässt sich genau erkennen, auf welcher der Verlust der Kunden am größten ist. Das erlaubt dann auch gute Prognosen auf zukünftige Projekte, Produktangebote und den gewünschten Umsatzwachstum.

# Verkaufstrichter und Conversation-Optimierung

Wie groß das Unternehmen ist oder ob es sich um eine neu ins Leben gerufene Website und Verkaufsidee handelt, spielt für die Verwendung eines Sales Funnel keine Rolle. Dieser bietet grundsätzlich die kontrollierte und gut überschaubare Gliederung einzelner Marketingfunktionen und ist auch ohne direkte Anwendung aktiv, wenn es um Marketing und E-Commerce geht. Der Verkaufstrichter konvertiert im Grunde eine Vielzahl an Besucher zu Leads und Kunden, gestattet dazu auch eine neu geschaffene Kundenbeziehung, die langfristig gefestigt werden kann.

Durch die regelmäßige Analyse des Sales Funnels können wertvolle Eindrücke über den Ablauf und Kundenstrom gewonnen werden. Es geht nicht darum, so wenig Interessenten wie möglich zu verlieren, denn das ist bei einer sehr hohen Besucheranzahl immer der Fall. Vielmehr muss davon ausgegangen werden, dass nicht jeder Konsument
auch gleichzeitig ein potentieller Kunde ist, wobei der Sales Funnel als Sieb fungiert, um die Zielgruppe zu definieren und die gewünschten Kunden zu akquirieren. Der Zulauf und die Verkleinerung der Trichterebenen gestatten, bereits im oberen Bereich Maßnahmen zu treffen, um qualifizierte Kontakte zu knüpfen. Das wiederum grenzt die Ebene ein, auf der Kunden abspringen. Wäre hier nur ein breiter Strom an unspezifischen Besuchern, die kommen und gehen, wäre der Überblick nicht möglich. Durch Sales Funnel dagegen reicht bereits die obere Ebene für die Definierung des Kunden, so dass der Absprung meistens mit dem eigenen Konzept zusammenhängt, das dann entsprechend revidiert oder erneuert werden kann. Hier bieten sich zahlreiche Targeting-Maßnahmen an, die eine Gewinnung von qualifizierten Leads und Kunden erzielen.

Der Absprung kann in den Ursachen genauer identifiziert werden, wenn sichtbar wird, wo der Kunde verloren geht. Das ist durch die Konversionsrate gewährleistet. Auf jeder Ebene des Trichters kann diese gemessen werden und zeigt den Verlauf der einzelnen Phasengänge und Kundenabsprünge in Prozent auf. So lässt sich bei einer regelmäßigen Analyse eine klare prozentuale Einschätzung und sichtbare Veränderung erkennen, wo Leads zu tatsächlichen Käufern werden und wo ein Weiterlauf unterbrochen wird. Ist auf einer Stufe die Eintragung in ein Formular notwendig oder ein Produkt durch einen Ratgeber definiert, kann die Wirkung auf den Kunden anhand der Reaktion gut eingeschätzt werden. Springen Kunden z. B. vor dem Verkaufsangebot ab, stimmt möglicherweise der Seitenaufbau der Website nicht. Erfolgt der Absprung erst nach der Datenaufnahme, sind beispielsweise der Preis oder die Versandkosten zu teuer.

Sales Funnel geht daher immer mit einer Analyse und Ursachenforschung einher, wodurch er sich erst bezahlt macht. Das ermöglicht mit der Zeit ein ganzheitliches Verständnis für die Website und die Inhalte, zum Teil auch für die Kunden und Zielgruppen selbst. Entscheidend ist ein klar definiertes Design, eine gute Übersicht über alle Produkte und Dienstleistungen, eine einfache und gut verständliche Strukturierung, eine sinnvolle Benutzeroberfläche und informative Inhalte. Ein Produkt verkauft sich besser, wenn der Kunde sich gut beraten und informiert fühlt. Die Produktbeschreibung kann z. B. mit einem Ratgeber verbunden werden und viele Hintergrundinformationen liefern. Ebenso wichtig ist das genaue Auflisten von Menge, Größe, Vorteilen, Einsatz- und Anwendungsbereichen, von Preisen, Angeboten und Funktionen. Je mehr Informationen der Kunde erhält, desto eher kann er abschätzen, ob ihn das Produkt interessiert. Er muss dann auch nicht auf andere Vergleichs- und Testseiten wechseln, wenn die Produktberatung stimmig ist.

Die Conversation Optimierung mit der Kontrolle der Konversionsrate kann daher ein hervorragender Hebel zur Steigerung des Umsatzes und zur Kundengewinnung sein. Gerade in Verbindung mit einem Sales Funnel, mit der typischen „Customer Journey“, mit dem Online- und Inbound-Marketing und der Suche auf digitalen Kanälen kann der konkrete Nutzen aller Kontakt- und Berührungspunkte, die durch Werbung erzielt werden, gut sichtbar gemacht werden. Die Optimierung entlang des Sales Funnels steigert den Umsatz, ohne dass ein neues Produkt eingeführt werden muss. Lediglich der Vermarktungsprozess wird verbessert und sinnvoll auf den Kundenstamm ausgerichtet. Je höher die Konversionsrate, desto höher die Gewinnrate. Der Sales Funnel wiederum hilft dabei, den Vertriebsprozess in genauen Zahlen abzubilden und Echtzeitdaten aufzuzeigen. Genauso macht er ein vorausschauendes Marketing möglich. Marketing und Vertrieb gehen so Hand in Hand.

## *Sales Funnel auf einer klassischen Website*

Die klassische Website dient der Werbung und dem Vertrieb von Waren und Dienstleistungen. Nachdem die Schritte unternommen wurden, die Website bekannt zu machen, um viele Besucherzahlen zu erzielen, kann ein Sales Funnel so aufgebaut sein:

Erste obere und breite Ebene – Besucher werden geworben.
Zweite kleinere Ebene – Besucher werden zu Interessenten.
Dritte kleinere Ebene – Besucher werden Kunden und kaufen.
Vierte kleinste Ebene – Pflege des Kundenstamms.

Damit die Website überhaupt bekannter wird und viele Besucher anzieht, müssen die Inhalte qualitativ hochwertig, gut sortiert, aufeinander abgestimmt und relevant für den Kunden sein. Erreicht wird die Website über Suchmaschinen oder durch das direkte Klicken durch Interesse am Produkt oder Hersteller. Auch andere Kommunikationswege stehen zur Verfügung, z. B. durch Sponsoring, PR-Aktivität, Email-Kontakt, Werbekampagnen und Content.

Für den Erfolg und die Umsatzsteigerung ist es wichtig, im Verlauf des Sales Funnels Besucher der Website zu Leads umzuwandeln, genauer zu am Produkt interessierten Kunden. Das ist nicht nur durch das geweckte Interesse bedingt, sondern auch durch den Eintrag in ein Formular, den Download eines Produktkatalogs oder das Nutzen eines angebotenen Newsletters.

Leads werden zu potentiellen Kunden und erreichen damit die untere, schmaler zulaufende Sales-Funnel-Ebene, wenn das Produkt interessant ist und eine Interaktion auf der Website gestartet wird, z. B. für einen Vertragsabschluss, die Bestellung eines Produkts oder die Inanspruchnahme einer Dienstleistung. Das geschieht über einen Call-to-Action oder Verkaufs-Button, über ein Formular oder die Emailbestätigung. Noch ist das Geschäft entsprechend nicht abgeschlossen, der Interessierte ist lediglich zu einem tatsächlichen Käufer konvertiert. Zum eigentlichen Erwerb kann er z. B. durch ein Sonderangebot, einen Geschenkgutschein oder durch ein Tagesangebot gebracht werden. Ist das Produkt allgemein für den Kunden interessant und der Anbieter vertrauenswürdig und zuverlässig, steht dem Kauf nichts im Wege. Da E-Commerce allgemein eine steigende Tendenz aufweist, Produkte online zu vermarkten und zu erwerben, wachsen auch die Lieferzuverlässigkeit und das Kundenvertrauen.

Dennoch ist es ratsam, die bereits entstandenen Kundenbeziehungen weiterhin zu pflegen. So wichtig die Gewinnung von Neukunden im Marketing und in Verbindung mit dem Sales Funnel ist, so praktisch ist das Nutzen vorhandener Beziehungen, wobei der Anreiz zum Wiederholungskauf durch viele Maßnahmen vertieft werden kann, darunter durch das entwickelte Vertrauen, durch einen guten Kundensupport, durch eine zuverlässige Lieferung und die einwandfreie und unbeschädigte Ware. After-Sales-Maßnahmen machen sich bezahlt und erfordern zudem weniger Aufwand und Kosten. Daneben gestattet ein Sales Funnel eine Neukundengewinnung und Konvertierung der Besucher in Leads mit einer Steigerung von etwa 5 Prozent, die sich bereits sehr günstig auf die Umsatzsteigerung auswirkt.

# Mögliche Elemente und Tools für den Sales Funnel auf Verkaufsseiten

Welche Tools verwendet werden, hängt vom Ziel des Verkaufs, vom Aufbau der Webseite, vom Produktangebot und von der eigentlichen Branche des Unternehmens ab. Fast immer wird ein ESP benötigt, das aus einem auf Tags basierenden System aufbaut oder visuelle Workflows unterstützt, die eine Automation gestatten, z. B. eine Active-Campaign. Der Kunde kann dabei ein Eintrage-Formular oder einen Link mit Email-Adresse nutzen, über die seine Daten aufgenommen und erfasst werden, darunter Name, Adresse und Produkt. Am Anfang des Sales Funnels oder nach dem Eintrage-Formular ist eine Landing

Page sinnvoll, um noch einmal einen Überblick aller Daten zu geben, z. B. welches Produkt erworben wird und wann die Lieferung erfolgt. Das schafft Vertrauen beim Kunden und ermöglicht gleichzeitig einen gut sortierten Überblick der Kundenerfassung für den Anbieter.

## *Planung eines erfolgreichen Sales Funnels*

Wenn Marketing und Vertrieb aufeinander abgestimmt sind, kann ein Businessplan den Sales Funnel ergänzen. Wichtige Fragen betreffen den Umsatz, der erzielt bzw. gesteigert werden soll, welche Vertriebsmethode angewandt wird, wie viele Abschlüsse nötig sind, um das Umsatzziel zu erreichen, wie viele Leads und Kunden für den

Abschluss notwendig sind, wie viele Besucher und Leads generiert werden müssen, um potentielle Kunden zu gewinnen, und wie viel Traffic allgemein notwendig ist, um genügend Besucher zu erhalten. Die Planung erfolgt als Sales Funnel, wobei nicht von oben nach unten gerechnet wird, sondern der untere Teil die Ausgangsbasis bildet. Die Zahl der benötigten potentiellen Kunden bestimmt die Höhe des Traffics und der Webseiten-Besucher. Die Konversionsrate gibt Aufschluss über die einzelnen Phasen und Kundenkonvertierung. Je höher letztere ausfällt, desto weniger Besucher sind von vorneherein notwendig, um das Umsatzziel zu erreichen. Natürlich kann dieses auch weiter gesteigert werden.

Im Sales Funnel werden Besucher in Leads, Leads in Marketing Qualified Leads, Marketing Qualified Leads in Sales Qualified Leads und Sales Qualified Leads in Kunden konvertiert. Besucher werden durch eine hohe Content-Qualität erzielt, wodurch vor allen Dingen die Definierung einer klaren Zielgruppe von Vorteil ist. Ein Marketingprozess konvertiert Besucher zu Leads, z. B. durch einen

ersten Kontakt oder das Beantragen eines Newsletters. Leads werden zu einer Kaufentscheidung animiert und beim Kauf zu Kunden.
Um die Analyse zu starten und die einzelnen Etappen im Sales Funnel besser zu überblicken, ist eine tabellarische Auflistung oder ein Diagramm sinnvoll. Genutzt werden kann dafür ein Excel-Programm, in das alle einzelnen Zahlen eingetragen werden. Es gibt aber auch Dienste wie „HubSpot", die eine automatische Diagrammdarstellung ermöglichen und den Vorgang vereinfachen. So lässt sich in Echtzeit sofort erkennen, wie viele Leads generiert wurden, wann diese zu tatsächlichen Interessenten werden und wann zum Kunden und Käufer. Anhand der Zahlen kann vorausschauend geplant werden und das Marketing besser angepasst werden.

## *Fazit*

Ein Sales Funnel erlaubt eine genau messbare, leicht zu überschauende und zielgruppenspezifische Ausrichtung aller Verkaufsprozesse und kann so sinnvoll und auch sehr vielseitig eingesetzt werden, vor allen Dingen dazu, die Umsätze zu steigern und neue Kunden zu gewinnen. Der Sales Funnel ist ein bewusst verwendbares Konzept, läuft ansonsten auch unbewusst bei jeder Unternehmensplanung mit Verkaufsziel. Der gute Überblick in Form eines Trichtersystems ist dazu gedacht, aus einer Vielzahl an Seitenbesuchern die potentiellen Kunden herauszufiltern und genau definieren zu können.

Jede Ebene des Trichters bietet dazu eine schnelle Anpassung und Veränderung der Marketingstrategien, falls Kunden abspringen, da die Performance in Zahlen sichtbar ist und so besser überblickt werden kann. Dadurch kann direkt auf die Bedürfnisse der gewünschten Zielgruppe eingegangen werden, während die Verkaufsphasen klar definiert sind. Das Marketing und der Vertrieb werden durch Sales

Funnel sinnvoll miteinander verbunden und stufenweise angepasst. Das wiederum erlaubt eine ganzheitliche Umsetzung der Gewinnerzielung, Kundengewinnung und des Conversation Managements.

Die Funktion des Sales Funnels hängt dabei immer von der guten Qualität der Leads ab, die direkt im oberen Bereich des Trichters definiert werden. Das Konzept des Sales Funnels kann bei allen Marketingaktionen und Vertriebsmethoden angewendet werden, erweist sich besonders im digitalen Marketing als brauchbar, um Umsätze zu steigern und Zahlen leichter überblicken zu können. Der Sales Funnel sollte auf das eigene Konzept und Unternehmen abgestimmt sein, genauso regelmäßig verbessert und neu ausgerichtet werden. Dabei wird der Kunde unaufdringlich durch das Produkt- und Dienstleistungsangebot geleitet und bleibt bei zuverlässiger Umsetzung auch langfristig erhalten.

# Schlusswort:

Ich hoffe, dass du alles aus diesem Buch wirklich verstanden hast und somit dein Wissen erweitern konntest. Ich kann dir auf diese Weise kurtheoretisches Wissen vermitteln. In der Praxis umsetzen musst du es letzten Endes selbst.

Wichtig ist, dass du dir wirklich auch die Zeit dafür nimmst und dir Gedanken über deinen Start machst. Starte nicht naiv und blauäugig. Mir ist es nur wichtig, dass du ins Handeln kommst und ich dich persönlich mit diesem Buch besser gemacht habe.

Beginne noch heute damit, dir Gedanken über deine Umsetzung zu machen und starte jetzt!
Es geht nicht alles von heute auf morgen. Manchmal dauert es sehr lange bis deine Ziele erreicht werden, aber glaube mir wirst du dran bleiben, wirst du diese erreichen..

Ich würde mich freuen, wenn du zu diesem Buch eine Rezension auf Amazon abgeben würdest. Dadurch hilfst du mir mein Ziel des Bestsellers bei Amazon zu erreichen. Das ist nicht nur so daher gesagt, sondern du kannst mir damit wirklich sehr helfen. Gehe dazu einfach auf die Produktseite dieses Buches bei Amazon und gib am Ende der Seite deine Meinung dazu ab. Ich lese alle Bewertungen selbst und würde mich freuen auch eine von dir zu lesen.

Wenn du weiterhin Fragen hast, dann kontaktiere mich gerne über das Kontaktformular meiner Webseite.
Ich wünsche dir nun vom Herzen alles Gute und viel Erfolg

Dein Anthony

# Bücher die dir auch gefallen könnten:

Kontakt: Anthony Filipiak, Christinenstr. 14, 40880 Ratingen
Covergestaltung: Autor Richards Coverfoto: shutterstock.com

Printed in Germany
by Amazon Distribution
GmbH, Leipzig

16617795R00016